MW01288930

neue Schule, neue Freunde

Eric Richards

Illustrated by: Lea Ribbing

Edited by: Cathleen Weigelt-Ferguson &
Angelika Weigelt

Copyright © 2017 Eric Richards

All rights reserved. No part of this publication may be reproduced, distributed, or transmitted in any form or by any means, including photocopying, recording, or other electronic or mechanical methods, without the prior written permission of the publisher, except in the case of brief quotations embodied in reviews. For permission requests, please contact:

mr.eric.richards@gmail.com

Printed in the United States of America

Third German Edition, 2017

10 9 8 7 6 5 4 3

ISBN-10: 1542598060
ISBN-13: 978-1542598064

ABOUT THE BOOK

neue Schule, neue Freunde is a chapter book written for beginning language learners. It incorporates thematic vocabulary, embedded elements and dialogue. It is also written so that beginning language students can identify with themes and characters as they grow and develop. The book can be effectively implemented with a variety of teaching styles, including: traditional, communicative, thematic, TPRS and others. It is also designed to help facilitate read-alouds, sustained silent readings, student acting, personalization, interaction and more.

Über die Geschichte:
These sections are comprehension questions over the corresponding chapters.
They can be done both orally and written.

Du bist dran:
These sections are individualized questions designed to give students more practice (with the structures and vocabulary) by allowing the student to engage and respond in a personalized manner.
They can be done both orally and/or written.
Teachers or students can lead the questioning. It can be done with partners or in groups.
Students can also write their responses and/or their partner's responses for additional practice.
This section is easily expandable and lends itself well for PQA sessions, class discussions and personalization in the classroom.

ACKNOWLEDGMENTS

To Kelly, Landon and Lillyan: You make every day a gift! Thank you!

This book would never have been possible without Cathleen Weigelt-Ferguson. I am eternally grateful for her time, patience and insight.

I am also grateful for Angelika Weigelt's contributions and expertise.

Also, I wholeheartedly thank Lea Ribbing for sharing her creativity and artistic talents.

To all the others not mentioned by name: no matter how small your contributions, you made a considerable difference. I thank you for your input and support in the creation of this book.

Cover Picture: Antonio Diaz

KAPITEL 1 – <u>EIN PROBLEM</u>

Anton ist in der Schule.

Anton sieht ein Mädchen.

Er kennt das Mädchen nicht.

Anton ist nervös, aber er geht zu dem Mädchen.

Er sagt: „Servus."
Das Mädchen kennt Anton nicht und sagt:
„...Hallo?... Kennst du mich?"

Anton sagt: „Nein. Ich kenne dich nicht, aber du bist in meiner Biologieklasse."

Das Mädchen sagt: „Ach ja...du bist in meiner Biologieklasse. Du bist neu in der Schule, ja?"
Anton sagt: „Ja. Ich bin neu in der Schule."

Das Mädchen fragt: „Wie heißt du?"
Anton sagt: „Ich heiße Anton."
Anton fragt das Mädchen: „Wie heißt du?"
Sie sagt: „Ich heiße Heidi."

Anton sagt: „Ich habe eine Frage. Weißt du, wo der Automat ist?"
Heidi sagt: „Was?"

Anton sagt: „Weißt du, wo der Automat ist? Es gibt einen Test in Biologie. Ich habe Hunger und ich kann mich nicht konzentrieren. Ich will einen Snack und ich weiß nicht, wo der Automat ist."

Sie sagt: „Ja. Der Automat ist... ...Was?!? Es gibt einen Test in Biologie!?! Das ist nicht gut! Das ist ein Problem!"
Dann sagt Heidi: „Ich will Schokolade. Komm! Wir gehen zu den Automaten."

Anton ist froh und er denkt, dass Heidi nett ist. Anton und Heidi gehen zu den Automaten. Heidi hat jetzt Schokolade und Anton hat jetzt einen Snack. Anton geht mit Heidi zu der Biologieklasse. Der Test ist ein Problem, aber es gibt noch ein Problem – Felix und Lena!

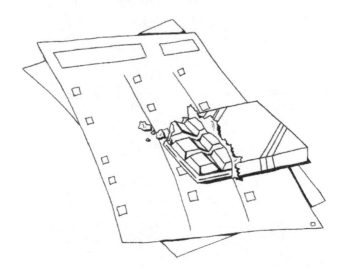

KAPITEL 2 – <u>EINE IDEE</u>

(zwei Wochen später)

Felix und Lena sind in der Schule. Sie sind gute Freunde. Felix sieht Lena und er geht zu Lena.

Er sagt: „Hallo, Lena."
Lena sagt: „Hallo, Felix."
Felix fragt: „Wie geht es dir?"
Lena sagt: „Nicht so gut. Wie geht es dir?"
Felix sagt: „Es geht mir auch nicht so gut."

Lena fragt: „Warum?"
Felix sagt: „Heidi spricht jetzt oft mit dem neuen Schüler. Ich *mag* Heidi, aber ich denke, sie *mag* Anton."

Lena sagt: „Ja, Heidi spricht jetzt oft mit Anton...und das ist ein Problem. Ich spreche auch oft mit Anton. Ich *mag* Anton, aber ich denke, er *mag* Heidi."

Und dann hat Lena eine Idee.

Lena: „Ich habe eine Idee!"
Felix: „Ja? Was ist deine Idee?"

Lena fragt Felix: „Hast du Heidis Nummer?"

Felix sagt: „Nein. Ich habe ihre Nummer nicht. Warum?"

Lena: „Und ich habe Antons Nummer nicht."
Felix: „Ja, und?"

Lena fragt Felix: „Willst du Heidis Nummer?"
Felix sagt: „Ja, ich will ihre Nummer."

Lena: „Gut. Ich gebe dir Heidis Nummer und du gibst mir Antons Nummer."

Felix: „Aber, wie? Ich habe Antons Nummer nicht und du hast Heidis Nummer nicht."

Lena sagt: „Aber, das ist kein Problem. Das ist meine Idee. Heidi ist gut in Englisch. Ich gehe zu Heidi und ich sage: ‚Ich bin schlecht in Englisch und ich habe Probleme in der Englischklasse.' Dann frage ich Heidi: ‚Kannst du mir in Englisch helfen?' Heidi ist nett und sie sagt bestimmt ‚Ja'. Wenn sie ‚Ja' sagt, frage ich Heidi: ‚Kann ich dich anrufen, wenn ich eine Frage habe?' Wenn ich Heidis Nummer habe, kann ich dir die Nummer geben."

Felix sagt: „Das ist eine gute Idee!"

Dann sagt Lena: „Anton spielt Fußball. Du gehst zu Anton und du fragst ihn, ‚Spielst du Fußball?' Wenn er ‚Ja' sagt, sagst du zu Anton: ‚Ich spiele Fußball mit meinen Freunden. Willst du mit uns Fußball spielen?' Wenn er ‚Ja' sagt, kannst du zu Anton sagen, ‚Gut! Ich sage dir, wann wir spielen. Wie ist deine Nummer?' Wenn du Antons Nummer hast, kannst du mir die Nummer geben."

Lena ist froh und denkt, die Idee ist gut!

KAPITEL 3 — <u>FELIX SPRICHT MIT ANTON</u>

Es ist Montag und Anton und Felix sind in der Schule. Die Matheklasse beginnt in zwei Minuten und Anton sitzt schon in dem Klassenzimmer. Felix kommt in das Klassenzimmer und er sieht Anton. Felix spricht normalerweise nicht mit Anton, aber heute spricht er mit Anton.

Felix grüßt Anton und sagt: „Hallo!"
Anton sagt: „Servus!"

Felix fragt: „Du bist neu hier in der Schule, richtig?"
Anton antwortet: „Ja. Ich bin neu hier."

Felix fragt: „Kennst du viele Schüler?"
Anton antwortet: „Nein. Nicht viele."

„Wie lange wohnst du schon in Berlin?", fragt Felix.
„Zwei Monate", antwortet Anton.

Felix fragt Anton: „Woher kommst du?"
Anton antwortet: „Ich komme aus Salzburg."

Felix sagt: „Wirklich? Salzburg ist eine coole Stadt. Mein Onkel wohnt in Salzburg und ich besuche meinen Onkel jeden Winter. Wir fahren normalerweise im Dezember nach Salzburg und wir gehen Ski fahren."

Anton sagt: „Wirklich!?!? Du kennst Salzburg und du kannst Ski fahren!?!? Das ist cool. Ich gehe oft Ski fahren."

(Anton ist wirklich froh, dass Felix Salzburg kennt. Anton vermisst Salzburg und seine alte Schule und Freunde.)

Felix fragt: „Spielst du auch Fußball?"
„Ja", antwortet Anton.

Dann sagt Felix: „Meine Freunde und ich spielen am Freitag Fußball im Park. Möchtest du zu dem Park kommen und mit uns Fußball spielen?"

Anton antwortet: „Ja! Danke!"
(Anton kann gut Fußball spielen.)

Felix sagt: „Gut. Ich brauche deine Nummer. Ich telefoniere mit dir und ich sage dir, wann wir am Freitag spielen. Hast du ein Handy? Wie ist deine Nummer?"

Anton antwortet: „Ja, ich habe ein Handy und meine Nummer ist 0043 662 62 96 65."
Anton fragt: „Und deine Nummer?"
Felix sagt: „Meine Nummer ist 0049 30 300 9281 893."
Anton sagt: „Danke."

Die Klasse beginnt und Anton ist froh. Anton denkt, dass Felix nett ist und Anton möchte neue Freunde haben. Felix denkt, dass Anton nett ist und Felix möchte wirklich Fußball mit Anton spielen. Er möchte auch nett zu Anton sein. Felix mag Lenas Plan nicht mehr.

KAPITEL 4 – <u>LENA SPRICHT MIT HEIDI</u>

Es ist Mittwoch und Lena und Heidi sind in der Schule. Es ist Pause. Lena sieht Heidi. Sie geht zu Heidi und spricht mit ihr. (Heidi ist überrascht, denn Lena spricht nicht so oft mit ihr.)

Lena grüßt Heidi und sagt: „Hallo."
Heidi erwidert: „Hallo, Lena."

Lena: „Wie geht's?"
Heidi: „Es geht mir gut. Und dir? Wie geht es dir?"

Lena: „Nicht so gut. Ich habe Probleme in der Englischklasse. Meine Note ist schlecht. Ich habe eine Fünf."

Heidi: „Oh nein! Das ist nicht gut."

Lena: „Ja. Das ist nicht gut und meine Mutter ist immer böse auf mich, denn meine Note ist schlecht. Ich höre, dass du gut in der Englischklasse bist. Stimmt das? Hast du eine gute Note?"

Heidi antwortet: „Ja. Ich bin gut in Englisch und ich habe eine gute Note. Ich habe eine Eins."

Lena erwidert: „Das ist gut. Du bist gut in Englisch. Ich habe eine Frage. Ich bin schlecht in Englisch und wir haben das Projekt. Kannst du mir mit dem Projekt helfen? Kannst du mir am Montag nach der Schule helfen?"

Heidi ist überrascht, aber sie sagt: „Ja. Ich kann dir helfen. Das ist kein Problem."

Lena sagt: „Fantastisch! Danke! Okay, ich sehe dich am Montag nach der Schule."

Heidi erwidert: „Okay. Bis dann."

Lena sagt: „Warte! Ich habe noch eine Frage. Kann ich deine Nummer haben? Wir haben auch Hausaufgaben in Englisch. Kann ich dich anrufen, wenn ich eine Frage habe?"

Heidi erwidert: „Natürlich. Du kannst mich anrufen, wenn du eine Frage hast."

Lena sagt: „Danke. Das ist nett. Hast du ein Handy? Wie ist deine Nummer?"

Heidi: „Ja, ich habe ein Handy und meine Nummer ist 0049 30 90226 404."
Lena: „Danke."
Heidi: „Bitte."

Dann fragt Heidi: „Und deine Nummer?"
Lena sagt: „Meine Nummer ist 0049 30 69537 722."
Heidi: „Danke."
Lena: „Bitte."

Heidi ist überrascht, aber sie denkt, dass Lena nett ist. Sie möchte Lena helfen.
Lena denkt, dass Heidi auch nett ist, aber Lena denkt auch, dass Heidi Anton *mag*. Lena *mag* Anton und sie will Anton anrufen.

KAPITEL 5 – <u>MEHR ÜBER ANTON</u>

Anton ist ein guter Schüler und er geht jetzt gern in seine neue Schule. Anton geht gern in den Musikunterricht, denn er ist musikalisch und er kann Instrumente spielen. Er spielt Saxophon und Gitarre. Er spielt Saxophon besser als Gitarre. Anton geht auch gern in die Sportstunde, denn er ist athletisch. Anton spielt gut Fußball und Basketball und er kann gut schwimmen. Natürlich geht er gern in die Biologieklasse, denn er hat Biologie mit Heidi.

Es ist Freitag. Es ist 12 Uhr 30 und Anton geht zu Biologie. Die Biologieklasse beginnt in fünf Minuten. Anton geht in das Klassenzimmer und er setzt sich. Er macht seinen Rucksack auf. Anton legt das Biologiebuch und einen Kuli auf den Tisch, aber er kann sein Heft nicht finden. Er denkt: „Mist! Das ist nicht gut. Ich brauche mein Heft. Mein Heft hat die Notizen für die Biologieklasse."

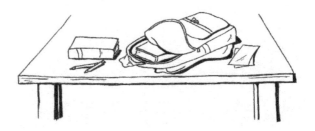

Eine Minute später kommt Heidi in das Klassenzimmer. Anton sieht sie. Er lächelt und grüßt sie. Heidi lächelt auch und grüßt Anton. Dann kommt Lena in das Klassenzimmer und sie geht zu Anton. Lena grüßt Anton und sagt zu ihm: „Danke für die Notizen." Sie gibt Anton sein Heft zurück. „Ach! Da ist mein Heft! Danke!" sagt Anton und er lächelt.

(Anton denkt, dass Lena schön ist. Lena hat kurze, braune Haare und braune Augen. Sie ist älter als Anton. Sie ist achtzehn Jahre alt und er ist siebzehn. Anton denkt auch, dass Lena nett und freundlich ist, aber er *mag* sie nicht *so*.)

KAPITEL 6 – <u>MEHR ÜBER HEIDI</u>

Heidi ist eine gute und intelligente Schülerin. Sie findet Biologie schwer, aber Heidi geht gern in die Biologieklasse, denn sie hat Biologie mit Anton. Sie mag auch Spanisch, Literatur, und Chemie. Heidi geht auch gern in den Chor, denn sie kann gut singen. Sie ist musikalisch und sie kann auch Trompete und Flöte spielen. Sie spielt auch gut Tennis.

Als Heidi in die Biologieklasse kommt, sieht sie Anton. Anton lächelt und grüßt sie. Heidi lächelt. Heidi geht zu ihrem Tisch und legt ihre Schultasche auf den Tisch. Sie will zu Anton gehen und mit ihm sprechen, aber Lena kommt in das Klassenzimmer und geht zu Anton. (Lena spricht mit Anton und sie gibt ihm sein Heft zurück.)

Dann kommt Felix in das Klassenzimmer und grüßt Heidi. Felix sitzt neben Heidi in der Klasse. Normalerweise braucht Felix Hilfe in der Biologieklasse. Er hat immer Fragen. Wenn er Fragen hat, fragt er Heidi, denn er will den Lehrer nicht fragen. Felix ist nicht der beste Schüler, aber er ist auch kein schlechter Schüler. Heidi hilft Felix gern.

Heidi setzt sich und macht ihre Schultasche auf.
Felix setzt sich neben Heidi und macht seinen
Rucksack auf. Er legt sein Heft auf den Tisch
und sagt dann: „Mist! Ich habe keinen Bleistift!"
Heidi gibt ihm einen Bleistift und spricht mit
ihm, bevor die Klasse beginnt.

(Heidi denkt, dass Felix nett ist. Sie denkt auch,
dass Felix attraktiv ist. Er ist groß und hat kurze,
braune Haare und grüne Augen. Er ist stark und
sportlich und er ist sehr fit. Er ist älter als Heidi.
Er ist achtzehn Jahre alt und Heidi ist siebzehn.
Sie denkt auch, dass er süß und freundlich ist,
aber sie *mag* ihn nicht *so*.)

KAPITEL 7 – <u>NACH DER KLASSE</u>

Es ist 13 Uhr 20 und Biologie ist zu Ende. Es ist ein guter Tag, denn es gibt keine Hausaufgaben!

Anton packt seine Schulsachen in seinen Rucksack und sagt: „Wiederschauen, Lena." „Tschüss, Anton", sagt Lena. Sie ist ein bisschen enttäuscht, denn Anton geht und sie möchte mit Anton reden.

Anton sieht Heidi und er lächelt. Er geht zu Heidi und er redet mit Heidi.

Anton sagt zu Heidi: „Servus! Wie geht's?" „Gut. Danke. Und dir?", fragt Heidi. Anton antwortet: „Auch gut. Danke."

Dann fragt Heidi: „Was machst du heute nach der Schule? Ich gehe nach der Schule ins Café. Möchtest du mitkommen?" Anton erwidert: „Ich möchte mitkommen, aber ich kann nicht. Ich spiele nach der Schule Fußball mit Felix und seinen Freunden."

Heidi: „Kein Problem." Anton: „....Aber vielleicht können wir am Montag nach der Schule ins Café gehen?"

Heidi: „Ich kann nicht. Ich helfe Lena mit ihrem Projekt nach der Schule in der Bibliothek.
...Vielleicht können wir am Dienstag ins Café gehen?"
Anton: „Ja! Das geht!"

Heidi gibt Anton ihre Nummer und Anton gibt Heidi seine Nummer. Anton und Heidi sind froh, denn sie gehen am Dienstag zusammen ins Café.

Heidi lächelt und sagt: „Ich muss gehen. Meine nächste Klasse beginnt in zwei Minuten. Wir sehen uns am Montag in der Schule. Tschüss."
Heidis Herz springt.
Anton lächelt und sagt: „Wiederschauen! Bis Montag!" Antons Herz springt auch.

Aber es gibt ein Problem! Lena sieht Anton und Heidi und sie hört auch, was Heidi und Anton sagen. Lena ist nicht froh.

KAPITEL 8 – <u>NOCH EINE IDEE</u>

Nach der Biologieklasse sieht Lena Felix und sie geht zu ihm.

Sie sagt zu Felix: „Oh nein! Das ist nicht gut. Anton und Heidi gehen am Dienstag nach der Schule in das Café und Anton hat Heidis Nummer."

Felix erwidert: „Ja. Und?"

Lena sagt: „Was?!?! Das ist nicht gut. Ich will mit Anton ausgehen. Ich will nicht, dass er mit Heidi ausgeht."

Lena sagt weiter: „Und Heidi hat Antons Nummer. Du magst Heidi und du willst mit ihr ausgehen. Du willst nicht, dass sie mit Anton ausgeht, oder?"

Felix sagt: „Ich weiß nicht. Ich mag Heidi, aber es ist okay, wenn sie mit Anton ausgeht und nicht mit mir."

Lena erwidert laut: „Was? Ich verstehe nicht, aber...ich habe eine Idee!"

Dann sagt Lena: „Wir sollen auch am Dienstag in das Café gehen."

Felix schüttelt den Kopf und sagt: „Was? Warum sollen wir am Dienstag in das Café gehen? Ich verstehe nicht."

Lena sagt weiter: „Das ist meine Idee. Wir gehen am Dienstag nach der Schule in das Café. Anton und Heidi sitzen zusammen an einem Tisch. Wenn wir in das Café kommen, sehen wir Anton und Heidi. Wir gehen zu dem Tisch und wir grüßen Anton und Heidi. Dann können wir zusammen mit Anton und Heidi am Tisch sitzen und wir können mit ihnen reden. Dann kann Heidi nicht allein mit Anton reden und..."

Felix unterbricht Lena und er sagt laut: „Was?!?! Ich weiß nicht. Ist das eine gute Idee? Das ist wirklich nicht nett. Das ist wirklich gemein und ich verstehe nicht, warum ..."

Lena unterbricht Felix und sie sagt: „Felix, das ist eine gute Idee und wir sollen zu dem Café gehen."
Felix schüttelt den Kopf.
Lena sagt weiter: „Du musst mitkommen. Ich kann nicht allein zu dem Café gehen. Bitte, komm mit!"

Felix weiß, dass das keine gute Idee ist, aber er will Lena auch nicht enttäuschen. Felix weiß nicht, was er machen soll.

„Kommst du mit?", fragt Lena.

KAPITEL 9 – <u>GEHT FELIX IN DAS CAFÉ?</u>

Felix ist nervös und er stottert:
„....Ja...ich...weiß...nicht."
Lena fragt: „Was sagst du? Kommst du mit oder nicht?"

Er weiß, Lenas Plan ist keine gute Idee. Er weiß auch, er soll nicht mitgehen, aber er will nicht ‚nein' sagen, denn er will Lena nicht enttäuschen. Er weiß nicht, was er machen soll.

Felix stottert weiter: „Okay...ich...ich...komme mit."
Lena lächelt und sagt: „Danke!"

Dann fragt Lena: „Und hast du schon Antons Nummer?"
Felix antwortet: „Ja. Ich habe seine Nummer."
Lena fragt: „Gibst du mir seine Nummer?"
Felix will Lena Antons Nummer nicht geben.
Felix will nicht, dass Anton weiß, dass er Lena seine Nummer gab, aber er will Lena auch nicht enttäuschen.
Felix sagt: „....Ja. Hast du dein Handy? Okay, hier ist die Nummer - 0043 662 62 96 65."

Lena lächelt und sagt: „Danke. Ich habe auch Heidis Nummer. Hier ist die Nummer - 0049 30 90226 404."

Dann sagt sie weiter: „Okay, ich muss zu meiner nächsten Klasse gehen. Danke, dass du in das Café mitkommst. Tschüss."

Lena ist wirklich froh und sie küsst Felix auf die Wange. Felix ist total überrascht und stottert: „....Ja...ich...auch...zu meiner...Klasse....Tschüss."

Felix ist jetzt total überrascht, aber auch sehr froh. Das ist das erste Mal, dass Lena ihn küsst. Felixs Herz springt. Er *mag* Lena und er möchte mit ihr ausgehen, aber sie ist eine gute Freundin von ihm. Lena weiß nicht, dass Felix sie *so mag* und Felix weiß nicht, ob sie wirklich mit ihm ausgehen will. Er will sie auch nicht fragen, denn er will nicht, dass sie ‚nein' sagt und nicht mehr mit ihm redet. Felix denkt, dass er ein Problem hat.

KAPITEL 10 – <u>AUF DEM FUSSBALLPLATZ</u>

Nach der Schule gehen Felix und Anton zu dem Park. Das Wetter ist schön und die Sonne scheint. Sie spielen Fußball mit Felixs Freunden. Sie spielen alle gut Fußball und sie haben auch alle Spaß. Das Spiel ist zu Ende und Anton und Felix reden.

Felix: „Anton, du spielst sehr gut Fußball. Wie lange spielst du schon Fußball?"
Anton: „Danke. Du spielst auch sehr gut. Ich spiele seit neun Jahren Fußball. Und du? Wie lange spielst du schon Fußball?"
Felix: „Ich spiele seit acht Jahren Fußball."

Anton fragt: „Was machst du sonst gern?"
Felix antwortet: „Ich spiele gern Videospiele und Bassgitarre. Ich gehe auch gern ins Kino. Und du? Was machst du gern?"

Anton erwidert: „Ich spiele gern Fußball und ich schwimme auch gern. Ich spiele Saxophon und Gitarre, aber ich spiele Gitarre nicht so gut. Ich höre auch gern Musik."

Felix sagt: „Du spielst Musikinstrumente? Weißt du, Frank und ich haben eine kleine Band und..."

Anton unterbricht Felix und sagt: „Was?!?! Du spielst in einer Band?!?!"

Felix erwidert: „Ja, aber nur zum Spaß. Frank, noch ein paar Freunde und ich spielen zusammen. Wir sind nicht so gut, aber wir haben Spaß."

Anton sagt: „Das ist cool. Wer ist Frank?"
Felix antwortet: „Frank ist ein Freund von mir. Er spielt Fußball mit uns. Da ist er. Er hat das blaue T-Shirt an."

Felix sagt: „Ich habe eine Idee. Möchtest du mit uns spielen? Wir haben keinen Saxophonspieler und ich denke, ein Saxophonspieler in einer Band ist cool."

Anton ist überrascht und sagt: „Ja. Ich möchte in der Band spielen. Danke."

Dann fragt Felix: „Kannst du gut singen?"
Anton sagt: „Nein. Warum?"
Felix antwortet: „Wir brauchen einen Sänger. Frank ist der Sänger in der Band, aber er singt nicht so gut. Er weiß das, aber er singt besser als ich und...hier kommt er!"

Felix grüßt Frank und sagt: „Frank – das ist Anton. Anton ist neu hier."
Frank grüßt Anton und sagt: „Hallo. Du spielst sehr gut Fußball."
Anton erwidert: „Danke. Du auch."

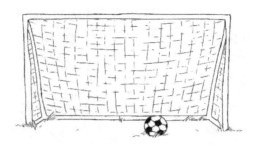

Frank fragt: „Du bist neu hier? Woher kommst
du?"
Anton antwortet: „Ich komme aus Österreich.
Aus Salzburg."
Anton hört, dass Frank einen kleinen Akzent hat
und fragt Frank: „Und woher kommst du?"
Frank antwortet: „Ich komme aus Italien. Ich
heiße Francesco, aber alle nennen mich ‚Frank'.
Ich wohne seit sieben Jahren hier."

Dann sagt Frank: „Ich muss gehen. Meine
Schwester wartet auf mich. *Alla prossima.*"
Felix sagt: „Ja, ich muss auch gehen. Wenn das
Wetter schön ist, spielen wir nächste Woche am
Mittwoch. Spielst du mit?"
Anton antwortet: „Ja. Danke."
Felix sagt: „Gut. Bis Montag in der Schule.
Tschau."
Anton erwidert: „Ja. Bis dann."

Anton geht nach Hause. Auf dem Weg nach
Hause denkt Anton an Heidi. Es ist Freitag und
das Wochenende, aber er denkt schon an
Dienstag.

KAPITEL 11 – <u>IN DER BIBLIOTHEK</u>

Es ist Montag und Heidi ist in der Bibliothek. Sie
wartet auf Lena, denn sie hilft Lena heute mit
den Englischaufgaben. Heidi sitzt an einem
Tisch und macht ihre Hausaufgaben. Dann hört
sie: „Hallo, Heidi." Lena kommt in die
Bibliothek und Heidi sagt: „Tag, Lena."

Sie sitzen an einem Tisch und Heidi hilft Lena mit dem Projekt.

Dann sagt Lena zu Heidi: „Du bist gut in der Schule. Gehst du gern in die Schule?"

Heidi sagt: „Ja. Meine Freunde sind hier und ich finde, dass die Lehrer nett sind. Und du? Gehst du gern in die Schule?"

Lena erwidert: „Nicht wirklich. Meine Freunde sind hier, aber ich gehe nicht gern in meine Klassen. Ich finde, dass die Lehrer nicht sehr nett sind und ich mag meine Klassen und die Hausaufgaben nicht."

Lena fragt Heidi: „Und was machst du gern?"

Heidi sagt: „Ich lese gern und ich spiele gern Karten und Tennis. Ich höre auch gern Musik – klassische Musik und Rock. Und du? Was machst du gern?"

Lena sagt: „Ich höre auch gern Musik, aber ich höre gern Rap und Techno. Ich gehe gern tanzen und ich gehe auch gern shoppen."

(Heidi denkt, Lena hat immer neue, schöne Klamotten an und sie sieht immer schön aus. Heidi denkt auch, dass Lena populär ist und viele Freunde hat.)

Dann sagt Lena: „Ich muss gehen. Meine Freunde warten auf mich. Wir gehen essen. Danke für deine Hilfe. Bis später."

Heidi sagt: „Bitte. Bis später!"

Lena denkt, dass Heidi wirklich nett und freundlich ist, aber Lena will immer noch mit Anton ausgehen. Lena mag es nicht, dass Anton und Heidi zusammen in das Café gehen.

Heidi geht nach Hause und ist froh. Sie denkt, dass Lena wirklich nett ist. Heidi denkt auch, dass sie vielleicht eine neue Freundin hat. Heidi ist auch froh, denn morgen ist Dienstag und sie denkt an Anton und das Café.

KAPITEL 12 – <u>IM CAFÉ</u>

Es ist Dienstag und Heidi ist schon im Café. Sie sitzt am Tisch und wartet auf Anton. Sie ist ein bisschen nervös, aber glücklich.

Der Kellner kommt und grüßt Heidi. Er fragt: „Möchtest du etwas essen oder trinken?"
Heidi sagt: „Nein, danke. Noch nicht. Ich warte auf einen Freund."
Der Kellner sagt: „Gut. Ich komme wieder, wenn er hier ist."

Anton kommt eine Minute später. Anton macht die Tür auf und kommt in das Café.
(Heidi sieht Anton als er in das Café kommt und sie denkt, dass er nett und attraktiv ist. Anton hat kurze, braune Haare und blaue Augen. Er trägt braune Schuhe, Jeans und ein graues Hemd. Er hat auch eine grüne Jacke an.)

Als Anton in das Café kommt, ist er auch ein bisschen nervös, aber glücklich.
(Er sieht Heidi und er denkt, dass sie nett und schön ist. Heidi hat lange, blonde Haare und blaue Augen. Sie hat auch eine Brille. Heidi trägt braune Schuhe, einen blauen Rock und ein weißes Shirt.)

Anton geht zu dem Tisch und grüßt Heidi.

Anton sieht den Kellner und fragt Heidi:
„Möchtest du etwas essen oder trinken?"
Heidi sagt: „Ja, bitte."
Anton fragt: „Möchtest du eine Pizza oder einen
Hamburger?"
Heidi sagt: „Nein, danke. Ich habe keinen
großen Hunger. Ich möchte ein Eis. Ich möchte
ein Schokoladeneis."
Anton lächelt und sagt: „Schokolade – natürlich!
Gute Idee. Ich möchte auch ein Eis, aber ich
möchte ein Vanilleeis."

Der Kellner kommt an den Tisch und grüßt
Anton. Der Kellner fragt Heidi: „Was möchtest
du essen?"
Heidi sagt: „Ich möchte ein Schokoladeneis,
bitte."
Der Kellner fragt dann: „Und was möchtest du
trinken?"
Heidi sagt: „Ich möchte ein Glas Wasser, bitte."

Der Kellner fragt Anton, was er möchte und Anton sagt ihm, dass er ein Vanilleeis und eine Cola möchte.

Der Kellner bringt das Eis, Wasser und Cola. Anton und Heidi essen Eis und reden über die Familie und Schule.

KAPITEL 13 – EINE ÜBERRASCHUNG

Heidi und Anton sitzen in dem Café, essen Eis und reden mit einander.

Heidi fragt Anton: „Hast du Brüder oder Schwestern?"
Anton erwidert: „Ja. Ich habe einen älteren Bruder. Er heißt Johannes, aber wir nennen ihn ‚Hannes'. Er ist zwanzig Jahre alt. Er ist nett und intelligent und er ist auch sportlich. Er geht jetzt zu der Universität in Salzburg und er studiert Mathematik. Ich sehe ihn nicht mehr so oft, aber wir sprechen oft miteinander."

Dann fragt Anton: „Hast du Brüder oder Schwestern?"

Heidi sagt: „Ja. Ich habe einen jüngeren Bruder. Er heißt Christian, aber wir nennen ihn alle ‚Chris'. Er ist nett, aber ein bisschen nervig – wie alle jüngeren Brüder, oder?" (Heidi lächelt, denn sie weiß, dass Anton ein jüngerer Bruder ist.)

Sie sagt weiter: „Chris ist zwölf Jahre alt und spielt gern Videospiele. Vielleicht spielt er zu oft Videospiele. Er soll mehr Sport machen und er soll mehr lesen, aber er ist ein guter Bruder. Ich habe auch eine ältere Schwester. Sie heißt Maria und sie ist zwanzig. Sie studiert Biologie an der

Humboldt-Universität in Berlin. Wir sprechen oft miteinander."

Heidi: „Und was ist mit deinen Eltern?"
Anton: „Meine Eltern sind geschieden. Ich wohne hier mit meiner Mutter. Mein Vater wohnt noch in Salzburg."

Anton vermisst seinen Vater. Wenn Anton an seinen Vater denkt, ist er traurig, aber er lächelt und fragt Heidi: „Und du und deine Eltern?"

Heidi antwortet: „Meine Eltern sind fantastisch. Meine Mutter ist sehr nett und mein Vater ist sehr lustig. Meine Eltern sind cool."
Dann fragt Heidi: „Wie findest du deine neue Schule?"

Anton antwortet: „Ja. Ich finde die Schule ganz gut. Alle sagen, dass ich einen lustigen Dialekt habe, denn ich komme aus Österreich, aber das ist okay. Die Schüler sind wirklich nett und freundlich. Und du? Wie findest du die Schule?"

Heidi erwidert: „Ich mag die Schule auch und meine Klassen sind gut. Meine Schulfreunde sind auch super. Meine Lieblingsklasse ist Englisch. Ich lerne gern Englisch."

Dann fragt Heidi: „Möchtest du zu einer Universität gehen und studieren?"

Anton erwidert: „Ja. Ich möchte zu einer Universität gehen und Deutsch studieren. Ich möchte Lehrer werden. Und du?"

Heidi antwortet: „Ja. Ich möchte auch zu einer Universität gehen und Literatur studieren. Ich möchte auch Englisch studieren. Ich finde Literatur und Englisch fantastisch. Ich finde es auch cool, dass du Lehrer werden möchtest."

Anton sagt: „Ja. Ich finde Literatur auch interessant."

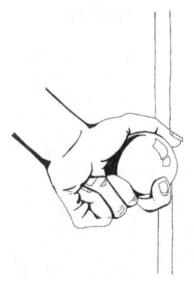

Und dann sind Anton und Heidi überrascht. Anton und Heidi sprechen gerade über die Schule und plötzlich macht Felix die Tür des Cafés auf. Anton und Heidi sehen Felix und Lena und sie kommen in das Café.

KAPITEL 14 – <u>ALLE IM CAFÉ</u>

Lena und Felix kommen in das Café und sie sehen Anton und Heidi. Lena und Felix gehen zu dem Tisch rüber.

Felix und Lena grüßen Anton und Heidi. Anton ist ein bisschen enttäuscht, denn er möchte allein mit Heidi reden. Heidi ist auch ein bisschen enttäuscht, denn sie möchte allein mit Anton reden.

Alle vier sitzen jetzt zusammen am Tisch und reden miteinander. Lena lächelt und denkt, dass ihre Idee gut ist. Sie unterbricht Anton und Heidi und sie hofft jetzt, Anton gibt ihr seine Nummer.

Dann sagt Lena zu Anton: „Eine Freundin von mir hat eine Party am Samstag und viele Schüler kommen zu der Party. Du bist neu hier und du kennst nicht viele Schüler. Vielleicht kannst du mit anderen Schülern reden und andere Schüler kennenlernen."
Lena lächelt und fragt dann: „Möchtest du mit mir zu der Party gehen?"

Anton weiß nicht, was er sagen soll. Er will andere Schüler kennenlernen und Lena ist immer nett zu ihm. Er will Lena nicht enttäuschen, aber er ist hier mit Heidi und er will Heidi auch nicht enttäuschen. Anton sagt: „Ja." (Er hofft, dass Heidi nicht böse ist.)

Lena sagt, dass sie ihn anruft, bevor sie zu der Party gehen. Lena gibt Anton ihre Nummer und er gibt Lena seine Nummer.

Heidi ist nicht böse, aber sie ist ein bisschen enttäuscht, denn sie ist hier mit Anton. Sie ist auch ein bisschen enttäuscht, denn sie geht normalerweise nicht zu Partys, aber sie möchte auch zu dieser Party gehen.

Als Felix das hört, denkt Felix, dass das nicht gut ist. Er geht auch zu der Party und er möchte mit Lena zu der Party gehen. Felix hat eine Idee!

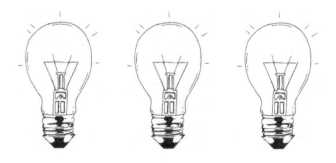

Felix sagt plötzlich: „Ich habe eine Idee. Ich gehe auch zu der Party. Ich habe ein Auto. Ich kann euch mit dem Auto abholen und wir können alle zusammen zu der Party fahren."

Dann sagt Felix zu Heidi: „Natürlich kommst du auch mit. Ich kann dich auch mit dem Auto abholen. Wir vier gehen zusammen zu der Party."

„Und was sagt ihr alle?", fragt Felix.

Heidi denkt, das ist eine gute Idee und das ist wirklich nett von Felix. Heidi sagt: „Ja!" Felix sagt Heidi, dass er anruft, bevor er sie mit dem Auto abholt. Felix gibt Heidi seine Nummer und Heidi gibt ihm ihre Nummer.

Anton möchte auch, dass Heidi zu der Party geht und er sagt: „Ja, das ist eine gute Idee."

Lena ist nicht so froh, aber sie ist auch nicht so enttäuscht. Sie möchte allein mit Anton zu der Party gehen, aber Felix hat einen BMW und sie denkt, dass das cool ist. Felix ist auch ein guter Freund und sie möchte auch mit ihm zu der Party gehen. Sie sagt auch: „Ja, das ist eine gute Idee."

Felix denkt seine Idee ist gut. Er kann jetzt Lena mit dem Auto abholen und mit ihr zu der Party gehen. Felix denkt auch, er kann mehr mit Lena reden, denn Anton ist auch auf der Party und Anton kann mit Heidi reden.

Felix, Lena, Anton und Heidi reden noch ein bisschen im Café und dann gehen sie alle nach Hause.

Sie gehen alle zusammen am Samstag zu der Party. Was wird auf der Party passieren?

Fortsetzung folgt!

Lies!

„neue Konversationen, neue Komplikationen"

ÜBER DIE GESCHICHTE

&

DU BIST DRAN

Kapitel 1 - <u>Ein Problem</u>

Über die Geschichte!

1. Wer ist der Junge?

2. Wo ist der Junge?

3. Kennt er das Mädchen?

4. Ist er nervös?

5. Wie heißt das Mädchen?

6. Ist der Junge neu in der Schule?

7. Weiß er, wo der Automat ist?

8. Was will der Junge?

9. Was will das Mädchen?

10. Denkt der Junge, dass das Mädchen nett ist?

Du bist dran!

1. Bist du jetzt in der Schule?

2. Bist du neu in der Schule?

3. Kennst du ein Mädchen in der Klasse? Wenn ja, wie heißt sie?

4. Kennst du einen Jungen in der Klasse? Wenn ja, wie heißt er?

5. Hast du Hunger?

6. Willst du einen Snack?

7. Gibt es Automaten in der Schule?

8. Wer ist nett in der Klasse?

9. Sag: „Hallo!" zu einem Mädchen in der Klasse und frag: „Wie heißt du?"

10. Sag: „Hallo!" zu einem Jungen in der Klasse und frag: „Wie heißt du?"

Kapitel 2 - <u>Eine Idee</u>

Über die Geschichte!

1. Wo sind Felix und Lena?

2. Sind Felix und Lena gute Freunde?

3. Wie geht es Lena?

4. Wie geht es Felix?

5. *Mag* Felix Heidi?

6. *Mag* Lena Anton?

7. Wer hat eine Idee?

8. Was will Lena?

9. Was will Felix?

10. Denkt Lena, dass sie eine gute Idee hat?

Du bist dran!

1. Wie geht es dir?

2. Wie ist deine Handynummer?

3. Frag einen Partner oder Partnerin: „Wie ist deine Nummer?"

4. Spielst du Fußball?

5. Wer spielt Fußball in der Klasse?

6. Spielst du Volleyball?

7. Wer spielt Volleyball in der Klasse?

8. Magst du Schokolade?

9. Magst du die Schule?

10. Hast du oft gute Ideen?

11. Was denkst du? Hat Lena eine gute Idee oder eine schlechte Idee?

12. Frag drei Schüler: „Spielst du Basketball?"

Kapitel 3 - <u>Felix spricht mit Anton</u>

Über die Geschichte!

1. Welche Klasse haben Felix und Anton?

2. Kennt Anton viele Schüler?

3. Wie lange wohnt Anton in Berlin?

4. Woher kommt Anton?

5. Warum kennt Felix Salzburg?

6. Wann geht Felix nach Salzburg?

7. Kann Felix Ski fahren?

8. Was spielen Felix und seine Freunde?

9. Wo spielen Felix und seine Freunde?

10. Wann (an welchem Tag) spielen Felix und seine Freunde?

11. Wie ist Antons Handynummer?

12. Wie ist Felixs Handynummer?

13. Mag Felix jetzt Lenas Plan nicht mehr?

Du bist dran!

1. Bist du jetzt in der Schule?

2. Magst du Mathe?

3. Wer sitzt neben dir in der Klasse?

4. Kennst du viele Schüler?

5. Kommst du aus Salzburg?

6. Woher kommst du?

7. Hast du einen Onkel? Wenn ja, wo wohnt dein Onkel?

8. Kannst du Ski fahren?

9. Gehst du oft zum Park?

10. Wann gehst du zum Park?

11. Was kannst du im Park spielen?

12. Kannst du gut Fußball spielen?

13. Hast du ein Handy?

14. Frag drei Schüler: „Wie ist deine Telefonnummer?"

Kapitel 4 - <u>Lena spricht mit Heidi</u>

Über die Geschichte!

1. Wo sind Lena und Heidi?

2. Spricht Lena oft mit Heidi?

3. Welche Klasse haben Lena und Heidi zusammen?

4. Welche Note hat Lena in der Klasse?

5. Warum ist Lenas Mutter böse auf sie?

6. An welchem Tag hilft Heidi Lena?

7. Ist Heidi am Ende überrascht?

8. Denkt Heidi jetzt, dass Lena nett ist?

Du bist dran!

1. Magst du die Englischklasse?

2. Hast du viele Hausaufgaben in der Englischklasse?

3. Hast du viele Hausaufgaben in Mathe?

4. Was ist deine Lieblingsklasse?

5. Hast du gute Noten? Wenn ja, in welchen Klassen?

6. Gehst du oft in die Bibliothek?

7. Was ist dein Lieblingsbuch?

8. Frag drei Schüler: „Was ist dein Lieblingsbuch?"

9. Frag drei Schüler: „Was ist dein Lieblingsfilm?"

Kapitel 5 - <u>Mehr über Anton</u>

Über die Geschichte!

1. Was spielt Anton? (Instrument)

2. Was spielt Anton besser? (Instrument)

3. Was spielt Anton? (Sport)

4. Kann Anton gut schwimmen?

5. Warum geht Anton gern in die Biologieklasse?

6. Welcher Tag ist es?

7. Wann beginnt die Klasse?

8. Was kann Anton nicht finden?

9. Was gibt Lena zu Anton?

10. Beschreib Lena!

Du bist dran!

1. Magst du Sport?

2. Spielst du Baseball?

3. Kannst du schwimmen?

4. Magst du Musik?

5. Spielst du Gitarre?

6. Kannst du ein Musikinstrument spielen?

7. Hast du einen Rucksack? Wenn ja, welche Farbe hat der Rucksack?

8. Was hast du in deinem Rucksack oder in deiner Schultasche?

9. Frag drei Schüler: „Was hast du in deinem Rucksack (in deiner Schultasche)?"

Kapitel 6 - <u>Mehr über Heidi</u>

Über die Geschichte!

1. Ist Biologie schwer für Heidi?

2. Kann Heidi gut singen?

3. Ist Heidi musikalisch?

4. Welche Instrumente kann Heidi spielen?

5. Was spielt Heidi? (Sport)

6. Warum lächelt Heidi?

7. Was legt Heidi auf den Tisch?

8. Wer sitzt neben Heidi in der Klasse?

9. Was hat er nicht?

10. Beschreib Felix!

Du bist dran!

1. Hast du auch Chemie?

2. Kannst du gut singen?

3. Bist du musikalisch?

4. Bist du athletisch?

5. Welche Klassen magst du?

6. Welche Klassen magst du nicht?

7. Wie heißt dein Lehrer oder deine Lehrerin?

8. Hast du blaue Augen?

9. Hast du braune Augen?

10. Hast du grüne Augen?

11. Wie alt bist du?

12. Frag drei Schüler: „Welche Farbe haben deine Augen?"

Kapitel 7 - <u>Nach der Klasse</u>

Über die Geschichte!

1. Gibt es Hausaufgaben?

2. Warum ist Lena enttäuscht?

3. Was macht Anton, als er Heidi sieht?

4. Was macht Heidi heute nach der Schule?

5. Was macht Anton heute nach der Schule?

6. Was macht Heidi am Montag nach der Schule?

7. Wohin gehen Heidi und Anton nach der Schule? An welchem Tag?

8. Wann beginnt die nächste Klasse?

9. Was ist das Problem?

10. Ist Lena froh?

Du bist dran!

1. Hast du heute Hausaufgaben? In welchen Klassen?

2. Gehst du oft in ein Café?

3. Wohin gehst du oft?

4. Was machst du nach der Schule?

5. Was machst du am Wochenende? Am Samstag? Am Sonntag?

6. Frag einen Partner oder eine Partnerin: „Was machst du am Donnerstag?"

7. Frag einen Partner oder eine Partnerin: „Gehst du gern in ein Café?"

Kapitel 8 - <u>Noch eine Idee</u>

Über die Geschichte!

1. Warum ist Lena nicht froh?

2. Mit wem will Lena ausgehen?

3. Wer hat eine Idee?

4. Warum will Lena mit Felix in das Café gehen?

5. Denkt Felix, dass Lenas Idee gut ist? Warum oder warum nicht?

6. Wer schüttelt den Kopf?

7. Will Felix Lena enttäuschen?

Du bist dran!

1. Was denkst du? Geht Felix in das Café mit Lena?

2. Gehst du mit deinen Freunden in ein Café? Wann?

3. Trinkst du Kaffee?

4. Trinkst du Cola?

5. Was trinkst du, wenn du zu einem Café gehst?

6. Willst du am Samstag mit deinen Freunden ausgehen?

7. Grüß zwei Schüler in deiner Klasse und frag: „Trinkst du gern Kaffee?"

8. Frag einen Partner oder eine Partnerin: „Wohin gehst du am Wochenende?"

Kapitel 9 - <u>Geht Felix in das Café?</u>

Über die Geschichte!

1. Warum stottert Felix?

2. Geht Felix in das Café mit Lena?

3. Will Felix, dass Anton weiß, dass er Lena seine Handynummer gab?

4. Wie ist Antons Handynummer?

5. Wie ist Heidis Handynummer?

6. Warum ist Felix überrascht?

7. Ist Felix froh am Ende des Kapitels?

8. Ist Lena eine Freundin von Felix?

9. Will Felix mit Lena ausgehen? Warum oder warum nicht?

10. Denkt Felix, dass er jetzt ein Problem hat?

Du bist dran!

1. Wie heißt ein guter Freund oder eine gute Freundin von dir?

2. Wie ist deine Telefonnummer?

3. Stotterst du, wenn du nervös bist?

4. Was denkst du? Wird Lena Anton anrufen, bevor sie ins Café geht?

5. Grüß zwei Schüler in deiner Klasse und frag: „Wie ist deine Telefonnummer?"

6. Denkst du, dass Felix jetzt ein Problem hat? Warum oder warum nicht?

Kapitel 10 - <u>Auf dem Fußballplatz</u>

Über die Geschichte!

1. Wie ist das Wetter?

2. Wo sind Felix und Anton?

3. Wie lange spielt Anton Fußball? Und Felix?

4. Was macht Felix gern?

5. Was macht Anton gern?

6. Welches Instrument spielt Felix?

7. Kann Anton gut singen?

8. Woher kommt Frank?

9. Kann Frank Italienisch sprechen?

10. Wer wartet auf Frank?

Du bist dran!

1. Wie ist das Wetter heute bei dir?

2. Schwimmst du gern?

3. Spielst du in einer Band?

4. Kannst du gut singen?

5. Sprichst du Italienisch?

6. Sprichst du Deutsch?

7. Sprichst du Spanisch?

8. Wann gehst du nach Hause?

9. Frag einen Partner oder eine Partnerin:
   „Was machst du am Wochenende?"

Kapitel 11 - <u>In der Bibliothek</u>

Über die Geschichte!

1. Wo ist Heidi?

2. Was macht Heidi in der Bibliothek, bevor Lena kommt?

3. Geht Heidi gern in die Schule? Warum oder warum nicht?

4. Geht Lena gern in die Schule? Warum oder warum nicht?

5. Was macht Heidi gern?

6. Was macht Lena gern?

7. Wer wartet auf Lena?

8. Denkt Lena, dass Heidi freundlich ist?

9. Denkt Heidi, dass sie vielleicht eine neue Freundin hat?

10. Wohin geht Heidi morgen?

Du bist dran!

1. Gehst du gern in die Bibliothek?

2. Was ist dein Lieblingsbuch?

3. Spielst du gern Karten?

4. Spielst du gern Tennis?

5. Hörst du gern klassische Musik? Rock? Rap? Jazz? Techno?

6. Gehst du gern einkaufen (shoppen)?

7. Gehst du gern tanzen?

8. Frag einen Partner oder eine Partnerin: „Was machst du gern?"

9. Frag einen Partner oder eine Partnerin: „Spielst du gern Karten?"

Kapitel 12 - Im Café

Über die Geschichte!

1. Ist Heidi ein bisschen nervös?
2. Was fragt der Kellner Heidi?
3. Wer macht die Tür auf und kommt in das Café?
4. Was hat Anton an?
5. Welche Farbe hat das Hemd?
6. Was trägt Heidi?
7. Hat Heidi braune Haare?
8. Hat Heidi blaue Augen?
9. Hat Heidi großen Hunger?
10. Was möchte Heidi essen? Was möchte Anton essen?
11. Was möchte Heidi trinken? Was möchte Anton trinken?
12. Reden Heidi und Anton über Sport?

Du bist dran!

1. Was hast du an?

2. Welche Farben haben deine Klamotten?

3. Was hat dein Lehrer oder deine Lehrerin an?

4. Hast du eine Brille?

5. Trägst du Kontaktlinsen?

6. Was möchtest du essen und trinken?

7. Isst du gern Eis?

8. Trinkst du gern Cola?

9. Frag drei Schüler: „Was ist dein Lieblingsessen?"

10. Frag drei Schüler: „Was trinkst du gern?"

Kapitel 13 – <u>Eine Überraschung</u>

Über die Geschichte!

1. Was machen Anton und Heidi im Café?

2. Beschreib Antons älteren Bruder!

3. Beschreib Heidis jüngeren Bruder!

4. Sind Antons Eltern geschieden?

5. Sind Heidis Eltern geschieden?

6. Wie findet Anton seine neue Schule?

7. Was ist Heidis Lieblingsklasse?

8. Was möchte Anton an der Universität studieren?

9. Was möchte Heidi an der Universität studieren?

10. Wer kommt am Ende in das Café?

Du bist dran!

1. Hast du einen Bruder? Wenn ja, ist er älter oder jünger als du?

2. Hast du eine Schwester? Wenn ja, ist sie älter oder jünger als du?

3. Magst du die Schule? Warum oder warum nicht?

4. Was ist deine Lieblingsklasse?

5. Möchtest du an einer Universität studieren? Wenn ja, was möchtest du studieren?

6. Findest du Literatur interessant?

7. Frag drei Schüler: „Was ist deine Lieblingsklasse?"

Kapitel 14 - <u>Alle im Café</u>

Über die Geschichte!

1. Warum sind Anton und Heidi enttäuscht?

2. Wohin geht Lena am Samstag?

3. Was fragt Lena Anton?

4. Gibt Anton Lena seine Nummer?

5. Ist Heidi böse?

6. Möchte Heidi auch zu dieser Party gehen?

7. Wer hat jetzt eine Idee?

8. Wer kann alle am Samstag abholen?

9. Was für ein Auto hat er?

10. Wer geht zu der Party am Samstag?

Du bist dran!

1. Wie alt bist du?

2. Wann hast du Geburtstag?

3. Hast du ein Auto? Wenn ja, was für ein Auto hast du?

4. Hat dein Freund oder deine Freundin ein Auto? Wenn ja, was für ein Auto hat er oder sie?

5. Wie kommst du zur Schule?

6. Gehst du gern zu Partys?

7. Was denkst du? Was wird am Samstag auf der Party passieren?

8. Frag einen Partner oder eine Partnerin: „Was denkst du? Was wird am Samstag auf der Party passieren?"

Wortschatz – Glossary

- This glossary contains the words that appear in the story.

- The different forms of the same verb are listed together. However – when needed – forms of vowel-stem changing verbs, where the stem changes, are also listed separately.

- Separable-prefix verbs are listed as whole words, and in most cases the prefix is a short syllable such as: **an**, **auf**, **aus**, **ein** or **zu**.

For example:

macht ... auf = **aufmachen** = to open

The glossary begins on the next page.

aber *but*
abholen, abholt *to pick up*
acht *eight*
achtzehn *eighteen*
Akzent *accent*
Alla prossima (Italian)
  See you next time!
alle *all, everyone*
allein *alone*
als *as, when, than*
alt/e *old*
älter/e/en *older*
am *at the*
an *on, to*
anhat *to have on*
andere/n *other(s),*
anrufen, anruft *to call (on the phone)*
ansehen, ansieht *to look at*
antwortet *to answer*
athletisch *athletic*
attraktiv *attractive*
auch *also, too*
auf *on, to, at*
aufmachen, aufmacht *to open*
Augen *eyes*
aus *out, from*
ausgehen, ausgeht *to go out*
aussehen, aussieht *to look (appear)*
Auto *car, automobile*
Automat(en) *vending machine(s)*

Band *band,*
Bassgitarre *bass guitar*
beginnt *to begin*
bei *by, at, with*
beschreib *to describe*
besser *better*
beste *best*
bestimmt *certainly, of course*
besuche *to visit*
bevor *before*
Bibliothek *library*
bin *am*
Biologie *biology*

Biologiebuch *biology book*
Biologieklasse *biology class*
bis *until*
bisschen, ein bisschen *a little (bit)*
bist *are*
bitte *please, you're welcome*
blaue/n *blue*
Bleistift *pencil*
blonde *blond*
böse *mean, angry*
brauche, brauchen, braucht *to need*
braune *brown*
Brille *glasses*
bringt *brings*
Bruder, Brüder *brother(s)*

Chemie *chemistry*
Chor *choir*

da *there*
danke *thank you*
dann *then, than*
das *the*
dass *that*
dein/e/em/en/er *your*
dem *the*
den *the*
denke, denkst, denkt *to think*
denn *because*
der *the*
des *of the*
Deutsch *German*
Dezember *December*
Dialekt *dialect*
dich *you*
die *the*
Dienstag *Tuesday*
dieser *these, this*
dir *you*
Donnerstag *Thursday*
dran
  Du bist dran! – *It's your turn!*
drei *three*
du you

ein/e/em/en/er *a, an*
einander *another, to one another*
einkaufen *to shop*
eins *one*
Eis *ice cream*
Eltern *parents*
Ende *end*
Englisch *English*
Englischaufgaben *English assignment*
Englischklasse *English class*
enttäuschen, enttäuscht *to disappoint*
enttäuscht *disappointed*
er *he*
erste *first*
erwidert *to reply*
es *it*
  es gibt *there is, there are*
essen *to eat*
etwas *something*
euch *you (plural)*

fahren *to drive, to ride, to go*
  Ski fahren *to ski*
Familie *family*
fantastisch *fantastic*
Farbe(n) *color(s)*
finde, finden, findest, findet *to find*
Flöte *flute*
folgt *follows*
  Fortsetzung folgt. *To be continued.*
frag, fragen, fragst, fragt *to ask*
Frage(n) *question(s)*
Freitag *Friday*
Freund(e)(en) *friend(s)*
Freundin *friend (female)*
freundlich *friendly*
froh *happy*
Fußball *soccer*
Fußballplatz *soccer field*
fünf *five*
für *for*

gab *gave*
ganz *really, completely*
gebe, geben *to give*
Geburtstag *birthday*
gehe, gehen, gehst, geht *to go*
gemein *mean*
gerade *now, at the moment*
gern *like*
Geschichte *history*
geschieden *divorced*
gibst, gibt *to give*
Gitarre *guitar*
Glas *glass*
glücklich *happy, glad*
graues *gray*
groß/en *big*
grüne *green*
grüß, grüßen, grüßt *to greet*
gut/e/er *good*

Haare *hair*
habe, haben, hast, hat *to have*
Hallo *hello*
Handy *cell phone*
Handynummer *cell phone number*
Hausaufgaben *homework*
Hause *house, home*
  nach Hause *to go home (on the way home)*
Heft *notebook*
heiße, heißt *to be called, named*
helfe, helfen *to help*
Hemd *shirt*
Herz *heart*
heute *today*
hier *here*
Hilfe *help (noun)*
hilft *to help*
hofft *to hope*
höre, hörst, hört *to hear*
Hunger *hunger*

ich *I*

Idee(n) *idea(s)*
ihm, ihn *him*
ihnen *them*
ihr/e/em *her*
im *in the*
immer *always*
ins *in the*
interessant *interesting*
isst *to eat*
ist *is*
Italien *Italy*
italienisch *Italian (adj)*

ja *yes*
Jacke *jacket*
Jahr(e/n) *year(s)*
jeden *each, every*
jetzt *now*
Junge(n) *boy(s)*
jünger/en/er *younger*

Kaffee *coffee*
kann, kannst *can, to be able to*
Kapitel *chapter*
Karten *cards*
kein/e/en *no, not one, none*
Kellner *waiter*
kenne, kennst, kennt *to know*
kennenlernen *to get to know*
Kino *cinema, movie theater*
Klamotten *clothes*
Klasse(n) *class(es)*
Klassenzimmer *classroom*
klassische *classical, classic*
kleine/en *small*
komm, komme, kommen, kommst, kommt *to come*
Kontaktlinsen *contact lenses*
konzentrieren (sich) *to concentrate*
können *can, to be able to*
Kopf *head*
Kuli *pen*
kurz/e *short*

küsst *to kiss*

lächelt *to smile*
lange *long*
laut *loud*
legt *to lay*
Lehrer *teacher (male)*
Lehrerin *teacher (female)*
lerne *to learn*
lese, lesen *to read*
Lieblings- *favorite*
lies *read*
Literatur *literature*
lustig/en *funny*

machen, machst, macht *to do, to make*
Mädchen *girl(s)*
mag, magst *to like*
mal *times*
Matheklasse *math class*
mehr *more*
mein/e/en/er *my, mine*
mich *me*
Minute(n) *minute(s)*
mir *me*
mit *with*
miteinander *with each other*
mitgehen *to go with*
mitkommen, mitkommst *to come with*
Mittwoch *Wednesday*
möchte, möchtest *would like (to)*
Monat(e) *month(s)*
Montag *Monday*
morgen *tomorrow*
musikalisch *musical, musically*
Musikunterricht *music class*
muss, musst *must, to have to*
Mutter *mother*

nach *after, to*
  nach Hause *to go home (on the way home)*

nächste/n *next*
natürlich *naturally, of course*
neben *next to*
nein *no*
nennen *to call, to name*
nervig *annoying*
nervös *nervous*
nett *nice*
neu/e/en *new*
neun *nine*
nicht *not*
noch *still, another*
normalerweise *normally*
Note(n) *grade(s)*
Notizen *notes*
Nummer *number*
nur *only*

ob *whether, if*
oder *or*
oft *often*
Onkel *uncle*
Österreich *Austria*

paar *a couple, few*
packt *to pack*
passieren *to happen*
Pause *break, pause*
plötzlich *suddenly*
populär *popular*
Probleme *problems*
Projekt *project*
prossima
   Alla prossima *(Italian)*
   See you next time!

reden, redet *to talk*
richtig *correct, right*
Rucksack *backpack*
rüberkommen *to come over*

sag, sage, sagen, sagst
   sagt *to say*
Samstag *Saturday*
Sänger *singer*
Saxophonspieler *saxophone player*

scheint *to shine*
schlecht/e/er *bad*
Schokolade *chocolate*
Schokoladeneis *chocolate ice cream*
schon *already*
schön/e *pretty*
Schuhe *shoes*
Schule *school*
Schüler(n) *students(s)*
Schülerin *student (female)*
Schulfreunde *school friends*
Schulsachen *school items*
Schultasche *school bag*
schüttelt *to shake*
schwer *hard, difficult*
Schwester(n) *sister(s)*
schwimme, schwimmen, schwimmst *to swim*
sehe, sehen *to see*
sehr *very*
sein *to be*
sein/e/en *his*
seit *since (for a time)*
Seite *page*
Servus! *Hi! / Bye!*
setzt *to set, sit*
shoppen *to shop*
sie *she, they*
sieben *seven*
siebzehn *seventeen*
sieht *to see*
sind *are*
singen, singt *to sing*
sitzen, sitzt *to sit*
soll, sollen *should, supposed to*
Sonne *sun*
Sonntag *Sunday*
sonst *otherwise, else*
Spanisch *Spanish*
Spaß *fun*
später *later*
Spiel *game*
spiele, spielen, spielst, spielt *to play*
sportlich *athletic, sporty*
Sportstunde *gym class*

spreche, sprechen *to speak, talk*
sprichst, spricht *to speak, talk*
springt *jump*
Stadt *city*
stark *strong*
stimmt *to be correct, right*
  Stimmt das? *Is that correct?*
stotterst, stottert *to stutter, stammer*
studieren, studiert *to study*
süß *sweet*

Tag *day*
tanzen *to dance*
telefoniere *to phone, call on the phone*
Telefonnummer *telephone number*
Tisch *table*
total *totally*
traurig *sad*
trinken, trinkst *to drink*
Trompete *trumpet*
trägt *to wear, carry*
Tschau *bye*
Tschüss *bye*
Tür *door*

über *about*
überrascht *surprised*
Überraschung *surprise*
Uhr *clock, o'clock*
und *and*
Universität *university*
uns *us*
unterbricht *to interrupt, disturb*

Vanilleeis *vanilla ice cream*
Vater *father*
vermisst *to miss*
verstehe *to understand*
Videospiele *video games*
viele *many*
vielleicht *perhaps, maybe*

vier *four*
von *of, from*

Wange *cheek*
wann *when, at what time*
warte, warten, wartet *to wait*
warum *why*
was *what*
Wasser *water*
Weg *way,*
weiter *further, continuing*
weiß, weißt *to know*
weiß/es *white*
welche/em/en/er/es *which*
wem *who(m)*
wenn *when, if*
wer *who*
werden *to become*
Wetter *weather*
wie *how*
wieder *again*
Wiederschauen! *Goodbye!*
will, willst *to want*
wir *we*
wird *will*
wirklich *really, actually*
wo *where*
Woche(n) *week(s)*
Wochenende *weekend*
woher *from where*
wohin *to where*
wohne, wohnst, wohnt *to live*

zu *to, too*
zum/zur *to the*
zurück *back*
zusammen *together*
zwanzig *twenty*
zwei *two*
zwölf *twelve*

MEINE NOTIZEN

Meine Notizen

Printed in the USA
CPSIA information can be obtained
at www.ICGtesting.com
LVHW051136221223
767102LV00008B/579

9 781542 598064